36 Fragen zum Verlieben

AF190068

36 Fragen zum Verlieben ...

... und um verliebt zu bleiben

Roland Russwurm

Bibliografische Information der Deutschen Nationalbibliothek:
Die Deutsche Nationalbibliothek verzeichnet diese
Publikation in der Deutschen Nationalbibliografie;
detaillierte bibliografische Daten sind im Internet
über http://dnb.dnb.de abrufbar.

© 2017 ISNED GmbH, Roland Russwurm

Illustration: Roland Russwurm

Herstellung und Verlag: BoD – Books on Demand,
Norderstedt

ISBN: 978-3-7448-6408-4

Inhaltsverzeichnis

Einleitung

Romeo und Julia waren es, Bonnie und Clyde auch:
Verliebt.

Wenn es um Liebe oder das Verlieben geht, dann
nehmen viele von uns an, dass so etwas einfach pas-
siert – oder eben auch nicht.

In diesem Buch nutzen wir die Macht der Fragen um
das Verlieben zu erleichtern bzw. um sich wieder,
nochmal oder zum ersten Mal zu verlieben.

Das Buch nutzt die Fragetechnik mit **36 Fragen** auf
Basis einer Studie von **Arthur Aron** um Intimität
zwischen Personen herzustellen – und damit das Verlieben zu erleichtern.

Mehr zu den 36 Fragen sowie zusätzliche Informatio-
nen rund um sein Leben aktiver zu gestalten, ist auf
der Webseite **http://www.act-act-act.com/36-fragen**
zu erfahren.

Wie alles Anfing

Der Ursprung der **36 Fragen** liegt bereits über 20 Jahre zurück. In einer Studie[1] hat der amerikanische **Psychologe Arthur Aron** untersucht, wie man zwischen unbekannten Menschen ein Gefühl der Nähe und Vertrautheit erzeugen kann.

Ursprünglich ging es in erster Linie darum, eine **enge Vertrautheit** zwischen Personen herzustellen um weitere psychologische Studien durchführen zu können.

Dazu wurde eine Methode gesucht, um möglichst einfach und schnell eine enge Vertrautheit und Intimität zwischen Menschen zu erzeugen, welche sich vorher nicht kannten. Außerdem sollte diese enge Vertrautheit möglichst unabhängig von anderen Einflussfaktoren erreicht werden und über einen gewissen Zeitraum konstant bleiben.

Aufgrund anderer Studien waren wichtige Punkte für die Steigerung der Vertrautheit zwischen Teilnehmern bekannt und konnten hier systematisch für ein Näherkommen zwischen Unbekannten eingesetzt werden.

---

[1] "The Experimental Generation of Interpersonal Closeness: A Procedure and Some Preliminary Findings" von Arthur Aron, Edward Melinat, Elaine N. Aron, Robert Darrin Vallone und Renee J. Bator. PSPB, Vol. 23 No. 4

Die wichtigsten Punkte, welche bei der Studie eingesetzt wurden, waren:

- Persönliche Selbstoffenbarung
- Ansteigende Intensität
- Abwechselnde Aktivität
- Fokus auf den Partner

Für die Durchführung der Studie wurden jeweils
zwei Personen, die sich zuvor noch nicht kannten, als
ein Paar ausgewählt.

Zu Beginn wurden die Paare noch so zusammenge-
stellt, dass jedes Paar zumindest bei wichtigen Fragen
der Lebenseinstellung im Großen und Ganzen über-
eingestimmt haben. Spätere Studien haben aber auch
gezeigt, dass die Nähe zwischen den beiden Teilnehmern auch dann verstärkt wird, wenn sie durchaus
unterschiedliche Standpunkte vertreten.

Das Paar hatte dann gemeinsam über eine gewisse
Zeit abwechselnd Aufgaben auszuführen. Die Aufgaben bestanden darin, abwechselnd eine Frage zu
stellen und der andere Partner beantwortet dann die
Frage.

Einer der wichtigsten Punkte bei den Fragen war die
sich **persönliche Selbstoffenbarung** der Teilnehmer. Das heißt, die Fragen sind so gewählt, dass jeder

Partner etwas Persönliches von sich preisgibt und damit auch das Vertrauen des anderen Partners gewinnt.

Die Fragen gehen im Laufe des Gespräches immer mehr auf persönliche und intime Themen und es wird damit eine **ansteigende Intensität** der Fragen und Antworten erzielt. Das Paar dringt damit in immer persönlichere Themenbereiche ein und baut damit ein sehr persönliches und intimes Wissen des jeweils anderen auf.

Um beide Partner aktiv an den Fragen und Antworten teilhaben zu lassen, wird abwechselnd die Frage von einem Partner gestellt und vom anderen beantwortet. Durch diese **abwechselnde Aktivität** wird sichergestellt, dass beide aktiv und fokussiert an der Unterhaltung teilnehmen.

In der ersten Version der Studie wurden die 36 Fragen von den Teilnehmern über einen Zeitraum von **90 Minuten** gemeinsam beantwortet. Damit musste sich das Paar über eine gewisse Zeit sehr intensiv mit dem Anderen auseinandersetzen und hatte den **Fokus ausschließlich auf den Partner** gerichtet.

Später wurde die Zeitdauer auf **45 Minuten** reduziert und es zeigte sich keine Verschlechterung der erzielten Ergebnisse.

Die verwendeten **36 Fragen** wurden in **3 Gruppen** mit jeweils 12 Fragen unterteilt. Dabei wurde darauf geachtet, dass die ersten 12 Fragen noch relativ allgemein gehalten waren, während die zweite Gruppe bereits etwas persönlichere Fragen beinhaltete und die letzte Gruppe sehr intime Fragen beinhaltete.

Damit die Zeit von 45 Minuten eingehalten werden konnte und trotzdem auch sehr intime Fragen behandelt wurden, gab es **pro Fragengruppe ein Limit von 15 Minuten**. War ein Paar innerhalb der 15 Minuten noch nicht mit allen Fragen der Gruppe durch, sind sie trotzdem zu den Fragen der nächsten Gruppe gewechselt. So wurde sichergestellt, dass alle Paare auch intime Fragen in ihrer Unterhaltung integrieren, unabhängig von der Geschwindigkeit ihres Gespräches.

Die 36 Fragen wurden in verschiedenen Studien jeweils auf **verschiedene Einflussfaktoren** getestet um eventuelle Abhängigkeiten der entstandenen Nähe und Intimität auszuschließen.

Aufgrund der unterschiedlichen Studien hat sich zum Beispiel gezeigt, dass die Intimität zwischen den Teilnehmern **unabhängig vom Geschlecht** gesteigert wird. Also sowohl Paare von zwei Frauen also auch gemischte Paare von einem Mann und einer Frau erzielten die gleichen positiven Resultate.

Es zeigt sich auch, dass eine unterschiedliche Lebens-einstellung keine großen Auswirkungen auf das Resultat hat.

Speziell bei **introvertierten Teilnehmern** hat sich herausgestellt, dass die Erwähnung der Aufgabe die Ergebnisse verbessert, während dies für extrover-tierte Teilnehmer nicht von Bedeutung ist. Das heißt, introvertierte Personen sprechen besser auf diese Fragen an, wenn sie wissen mit welchem Ziel diese gestellt werden.

Neuauflage der 36 Fragen

Im Jahr 2015 bekam die Studie von Arthur Aron neue Bekanntheit durch die kanadische Professorin **Mandy Len Catron** und ihrem Artikel „**To Fall in Love with Anyone, Do This**"[2] in der New York Times.

Dieser Artikel war einer der populärsten Artikel in der New York Times im Jahr 2015 und ist ein **Selbstversuch** der Professorin.

Mandy Len Catron unterrichtet an der Universität von Britisch Columbia in Kanada Englisch und Kreatives Schreiben. In ihren Artikeln geht es um Liebe und Liebesgeschichten. Die Geschichten findet man in ihrem Blog „**The Love Story Project**".[3]

Um die Wirkung der 36 Fragen zu testen, machte Mandy Len Catron einen Selbstversuch mit einem Freund und ging mit ihm die Fragen durch. Die beiden vertieften sich so in die Fragen, dass sie über zwei Stunden benötigten um alle zu beantworten.

Am Ende der 36 Fragen sahen die beiden sich noch **4 Minuten** ununterbrochen in die Augen. Sie nutzte

---

[2] https://www.nytimes.com/2015/01/11/fashion/modern-love-to-fall-in-love-with-anyone-do-this.html
[3] https://thelovestoryproject.ca/

diesen langen Augenkontakt um den Effekt des Nä-
herkommens noch zu verstärken.

Interessant ist natürlich der Ausgang ihres Selbstver-
suches – **sie verliebte sich** und ihr Versuchspartner
wurde ihr neuer Lebenspartner.

Obwohl sie selbst ausdrücklich darauf hinweist, dass
dies mit Sicherheit nicht nur an dem Selbstversuch
lag, ist das natürlich ein wunderschönes Happy End
für ihren Selbstversuch und ihren Artikel.

Legen wir los

Nachdem wir uns nun die Herkunft der 36 Fragen genauer angesehen haben, ist es Zeit endlich loszulegen.

Zuerst sehen wir uns ein paar grundlegende Punkte zu den Fragen an und wie man mit den Fragen arbeiten kann. Wichtig hierbei ist jedoch in erster Linie, dass es **einfach Spaß macht** und man dabei auch noch neue Seiten des Partners entdecken kann.

Bei Bedarf können die Fragen **auch abgeändert werden**, solange die Fragen darauf abzielen, etwas Persönliches von sich selbst bekannt zu geben.

Im Buch sind die Fragen jeweils auf der linken Seite zu finden, damit rechts genug Platz für eigene Notizen ist. Die Notizenseite ist so ausgelegt, dass die obere Seite für Notizen des einen Partners und unten die Notizen des anderen Partners aufgeschrieben werden können.

Zeitrahmen

Für die Fragen kann man sich natürlich so viel Zeit nehmen wie man will und man für sinnvoll erachtet. Am besten reserviert man einfach einen Abend, macht es sich gemütlich und geht die Fragen in aller

Ruhe gemeinsam durch. Die Fragen passen übrigens auch wunderbar zu einem leckeren Abendessen oder einem Glas Wein. Die 36 Fragen sind also auch ein guter Anlass sich wieder einmal etwas Gutes zu tun.

Zielsetzung der Fragen

Generell geht es bei den Fragen darum, dass die Partner im Laufe des Gesprächs etwas von sich selbst preisgeben und damit die Beziehung intensivieren.

Daher sollen die Fragen nicht nur ehrlich sondern auch **etwas ausführlicher beantwortet** werden. Dabei sollte aber darauf geachtet werden, dass beide Partner genug Sprechzeit haben und es nicht in einen Monolog ausartet.

Unterteilung der Fragen

Die Fragen sind in **drei Blöcke** unterteilt, wobei die Intensität der Fragen bei jedem Block ansteigt. Die ersten zwölf Fragen sind noch relativ allgemein, während der zweite Block schon etwas persönlicher wird.

Die letzten zwölf Fragen treffen dann direkt ins Mark und hier kommen auch Fragen vor, die man so vielleicht noch nie jemandem beantwortet hat.

Die Intensität der Fragen wird bei jeder Frage durch ein Thermometer gekennzeichnet:

Nach den Fragen

Am Ende der 36 Fragen wird noch ein **intensiver Augenkontakt** durchgeführt um den Effekt zu verstärken. Der ununterbrochene Augenkontakt sollte **zwei bis vier Minuten** dauern.

Nach den ersten paar Sekunden wirkt das sehr befremdlich und eigenartig - aber bleibt einfach dran und versucht wirklich die Zeit durchzuhalten.

Beim Augenkontakt muss man nicht todernst sein, sondern kann durchaus auch blinzeln oder lächeln. Damit der Moment des Augenkontaktes nicht vom Zeitstoppen abgelenkt wird, ist es am besten einfach einen Wecker oder das Handy als Alarm zu benutzen.

Benutzung für Paare mit Buch

Am besten sucht ihr euch einen gemütlichen und ruhigen Platz, macht euch etwas Leckeres zu trinken und genießt die Zeit während ihr durch die Fragen geht.

Je nach Lust und Laune könnt ihr kurze Notizen zu den einzelnen Antworten aufschreiben um euch später wieder mal damit zu beschäftigen.

Bei Paaren geht es in erster Linie darum sich wieder mal etwas Zeit für einander zu nehmen und sich auch mit Fragen zu beschäftigen die man sich im täglichen Leben nicht so oft stellt.

Hier der Ablauf zusammengefasst:

- Die Frage wird von einem Partner gestellt und dann antwortet der andere Partner
- Nachdem eine Frage beantwortet wurde, werden die Rollen getauscht und der andere Partner beantwortet die Frage ebenfalls
- Die Fragen werden in der Reihenfolge 1 bis 36 durchgenommen
- Am Ende kommt ein tiefer Augenkontakt von 4 Minuten

Benutzung ohne Buch

Wenn Du die Fragen nutzen möchtest, aber Dein Gegenüber nicht mit einem Büchlein überfallen möchtest, kannst Du das Buch natürlich trotzdem nutzen.

Lies Dir vorher die Fragen durch und merke Dir jene Fragen, die für Dich interessant sind. Dann kannst Du diese Fragen ganz **unverbindlich in ein Gespräch** integrieren und auch so das Gefühl der Zusammengehörigkeit stärken.

Der wichtige Punkt bei den Fragen ist die langsame **Steigerung der Intimität** der Fragen und weniger die jeweils exakt richtige Frage. Du musst also nicht alle Fragen auswendig wissen und es müssen auch nicht exakt 36 Fragen sein.

Du kannst während eines Gespräches auch zuerst Deine Antwort auf eine Frage erzählen und dann ganz unverbindlich den Partner fragen, wie seine bzw. ihre Antwort wäre.

Steigere im Laufe des Gesprächs langsam die Intensität der Fragen und wenn Du soweit bist, dann kannst Du den **finalen Augenkontakt** integrieren.

Die vier Minuten Augenkontakt am Ende kannst Du **als kleines Spiel** integrieren. Du kannst zum Beispiel erklären, wie schwierig es ist länger Augenkontakt zu halten und willst das einfach mal ausprobieren oder beweisen.

Oder einfach die Behauptung, dass Dein Gegenüber **es nicht schafft** über vier Minuten den Augenkontakt aufrecht zu erhalten.

Auch hierbei ist es nicht entscheidend, dass Du exakt vier Minuten schaffst aber **zumindest drei Minuten** sollten es schon sein.

Es geht los!

Die 36 Fragen

Bevor es so richtig losgeht und man sich dem Genuss den Fragen hingibt, kann man hier noch eintragen wer dabei war, wo die Fragen gestellt wurden oder ein nettes Foto der Partner einkleben.

Damit hat man später eine schöne Erinnerung an die man gerne zurückdenkt.

1

Hast Du Spitznamen und warum hast Du diese Spitznamen?

2

Erzähle Deinem Gegen-
über einen richtig
peinlichen Moment in
Deinem Leben.

Wenn Du unter allen Menschen auf der Welt wählen könntest, wen würdest Du gerne **zum Essen einladen und** warum?

Würdest Du gerne **berühmt** sein?
In welchem Bereich?

Wenn Dir eine Zauber-
kugel die **wahrheit**
offenbaren könnte,
was möchtest Du wis-
sen?

Wann hast Du zum
letzten Mal für Dich
selbst gesungen?
Und wann für jemand
anderen?

Gibt es etwas worüber man **keine Witze** macht?

Was bedeutet
Freundschaft für
Dich?

Wofür bist Du in Deinem Leben **am meisten** dankbar?

10

Erzähle Deine Lebensgeschichte mit möglichst vielen Details in drei Minuten.

Wenn Du eine **neue Fähigkeit** bekommen könntest, welche wäre das?

Welches Tier wärst Du gerne? Warum?

Was ist das Mutigste,
das Du jemals ge-
macht hast?

Wenn Du drei beliebige **Wünsche frei** hättest, was würdest Du Dir wünschen?

Hast Du eine Ange-
wohnheit die Du gerne
loswerden möchtest?

Wenn Du irgendetwas an **Deiner Erziehung** ändern könntest, was wäre das?

Was ist Dein absoluter Lieblingsfilm und warum?

Wenn Du im **Lotto** eine **Million** Euro gewinnst, was würdest Du damit machen?

Wovor hattest Du als Kind am meisten Angst?

20

Gibt es etwas wofür Du das Gesetz brechen würdest?

Wovon **träumst Du** schon lange, hast es aber noch nicht gemacht? Warum?

Was war der größte Erfolg in Deinem Leben?

Was ist Deine liebste Erinnerung und was ist Deine schrecklichste Erinnerung?

Nenne **drei Dinge**, von denen Du glaubst, dass wir sie gemeinsam haben.

Sage deinem Gegen-
über, was Du an ihm
oder ihr magst.
Sei dabei ehrlich und
sage auch Dinge, die
Du **normalerweise
nicht** sagen würdest.

Denkt euch abwech-
selnd drei wahre „**Wir**"-
Aussagen aus.

Zum Beispiel: „*Wir sind
beide in diesem Raum
und fühlen uns...*"

Wie eng und herzlich sind die Beziehungen in Deiner Familie?

Dein Haus fängt an zu brennen. Nachdem alle Menschen und Tiere gerettet sind, kannst Du ein letztes Mal **einen** Gegenstand retten.

Welcher wäre das und warum?

Was müsste jemand **unbedingt wissen** mit dem Du eine enge Freundschaft schließt?

Wann hast Du zum letzten Mal in Gegenwart einer anderen Person **geweint**?
Und wann für Dich alleine?

31

Gibt es etwas, dass Du jemanden **unbedingt sagen** wolltest, aber noch nicht gesagt hast?
Warum hast Du es noch nicht gesagt?

32

Der Tod welcher Person würde Dich am meisten treffen? Warum?

Wenn Du morgen
sterben müsstest,
was würdest Du noch
machen?

Erzähle von einem **persönlichen Problem** und frage Dein Gegen- über nach seiner oder ihrer Einschätzung und einem Rat.

Welche Begebenheit oder **Situation Deiner Vergangenheit** würdest Du gerne ändern?

Vervollständige diesen Satz: „*Ich wünschte, ich hätte jemanden, dem ich erzählen könnte …*"

Der „Augen-blick"

4 Minuten tief in die Augen blicken.

Jetzt ist der Augenblick, um euch tief in die Augen zu sehen. Am besten **für 4 Minuten ohne dabei zu reden**.

Ihr müsst die Augen nicht starr auf den anderen richten, sondern sollt diesen Moment einfach genießen.

Es geht hier nicht um einen Wettbewerb, sondern einfach darum **entspannt und ruhig** dem Anderen in die Augen zu sehen.

Am besten einen Alarm setzen, damit ihr nicht zwischendurch auf die Uhr sehen müsst und den Moment voll genießen könnt.

Nächsten Pläne

Nachdem ihr euch eine schöne Zeit gegönnt habt und viele Geschichten vom jeweils anderen gehört habt, sind sehr wahrscheinlich einige **spannende Ideen** aufgekommen.

Schreibt doch gleich mal auf, was eure nächsten Pläne sind oder wie euer nächster gemeinsamer Abend aussehen soll:

....

....

....

....

....

Geschichten

Wir freuen uns natürlich immer über Rückmeldung und besonders über persönliche Geschichten zu den 36 Fragen.

Wir sind jederzeit per E-Mail zu erreichen und freuen uns auf spannende Geschichten und Erfahrungen. E-Mail an:

buch@act-act-act.com